D1243273

Rocas

Grace Hansen

¡SÚPER GEOLOGÍA!

Abdo
Kids

abdopublishing.com

Published by Abdo Kids, a division of ABDO, PO Box 398166, Minneapolis, Minnesota 55439.

Printed in the United States of America, North Mankato, Minnesota.

052015

092015

THIS BOOK CONTAINS RECYCLED MATERIALS

Spanish Translator: Maria Puchol

Photo Credits: iStock, Shutterstock

Production Contributors: Teddy Borth, Jennie Forsberg, Grace Hansen

Design Contributors: Laura Rask, Dorothy Toth

Library of Congress Control Number: 2015941664

Cataloging-in-Publication Data

Hansen, Grace.

[Rocks. Spanish]

Rocas / Grace Hansen.

p. cm. -- (¡Súper geología!)

ISBN 978-1-68080-335-8

Includes index.

1. Rocks--Juvenile literature.   2. Spanish language materials—Juvenile literature.   I. Title.

552--dc23

2015941664

Contenido

Rocas

Hay rocas de todas las formas y tamaños. Las rocas están compuestas por uno o más **minerales**. Hay más de 4,000 minerales en la Tierra.

Rocas ígneas

Hay tres tipos principales de rocas. Un tipo son las **rocas ígneas**. Están hechas de **magma**.

roca ígnea: granito

7

El **magma** se encuentra en el interior de la Tierra. Está muy caliente. Se enfría a medida que sube. Se endurece y se convierte en una roca. Dentro de estas rocas pueden encontrarse cristales.

9

Rocas sedimentarias

Otro tipo de rocas son las rocas sedimentarias. Están compuestas por muchas piedras pequeñas. Trozos de piedras se amontonan en capas.

roca sedimentaria: arenisca

11

El peso de ese montón genera presión. Los **minerales** sirven de pegamento entre las rocas. Todas las piedras pequeñas forman una roca grande.

13

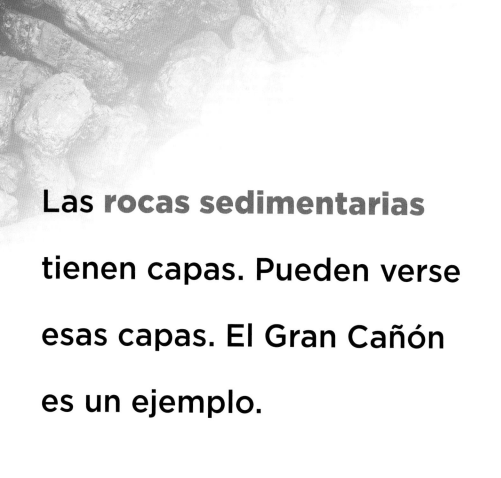

Las **rocas sedimentarias** tienen capas. Pueden verse esas capas. El Gran Cañón es un ejemplo.

Rocas metamórficas

El tercer tipo de rocas son las
rocas metamórficas. Éstas
son rocas modificadas. Las
altas temperaturas y la
presión las modifican.
Esto ocurre bajo tierra.

roca metamórfica: mármol

Algo más que sólo rocas

Los humanos han usado usado rocas siempre. Usamos las rocas como herramientas.

Usamos rocas para construir aceras. Las usamos para construir casas. ¡Incluso hacemos joyas con rocas!

21

Tipos de rocas

ígneas	metamórficas	sedimentarias

basalto	mármol	caliza

granito	pizarra	carbón

piedra pómez	talco	sal gema

Glosario

magma – roca fundida en el interior o en la superficie de la Tierra. Las rocas ígneas se forman del magma. Éste se convierte en lava cuando llega a la superficie de la Tierra.

mineral – sustancia (como la sal) que se forma de manera natural bajo tierra. Forma parte de las rocas y de otros elementos de la naturaleza.

roca metamórfica – roca que en un momento tuvo una forma, pero que ha cambiado debido al calor y la presión.

roca sedimentaria – roca compuesta por muchos trocitos de rocas.

roca ígnea – roca formada por el enfriamiento y solidificación del magma o la lava.

Índice

abdokids.com

¡Usa este código para entrar en abdokids.com y tener acceso a juegos, arte, videos y mucho más!

Código Abdo Kids:
GRK9093